Dit boek is opgedragen aan een dierbare vriend, mentor, gelijkgestemde, E Rick Nijs – King Rick (1961-2022).

Hij leerde me deze drie vuistregels voor een gelukkig en avontuurlijk leven:

There's no place like home.
Think happy thoughts.
Maybe it's a day for a miracle.

DIRK JANSSENS

HET FORTUNE COOKIE BOEK

Lannoo

INHOUD

HET ONTSTAAN VAN DE FORTUNE COOKIES

Het fortune cookie, ook wel bekend als gelukskoekje, wordt al eeuwenlang geassocieerd met geluk en wijsheid. Het verhaal gaat dat de eerste fortune cookies in de 14de eeuw in China werden gemaakt door monniken die de koekjes gebruikten om hun boodschappen van wijsheid en inspiratie te delen met de mensen die naar hen toe kwamen voor raad en begeleiding.

Na verloop van tijd werden deze koekjes steeds populairder en uiteindelijk werden ze door handelaren over de hele wereld verspreid. Toen Chinese immigranten in de 19de eeuw naar Amerika kwamen, namen ze de traditie van de fortune cookies mee.

De fortune cookie-spreuken werden een begrip toen de eigenaren van de Chinese restaurants de koekjes in hun restaurants begonnen te serveren. Ze verstopten kleine stukjes papier met wijze uitspraken en voorspellingen in de koekjes voordat ze gebakken werden. Zo kreeg elke gast die een fortune cookie opende een unieke boodschap mee.

Tegenwoordig zijn de fortune cookies nog steeds een populaire traktatie in Chinese restaurants en blijven ze een belangrijk onderdeel vormen van de Chinese en Amerikaanse cultuur.

HOE GEBRUIK JE 'HET FORTUNE COOKIE BOEK'

1. Neem het boek gesloten in beide handen.

2. Concentreer je even en sla het boek open op een willekeurige pagina.

3. Lees en ontdek jouw fortune cookie-voorspelling of -spreuk.

4. Raadpleeg dit boek zo vaak als je wilt.

5. Veel plezier ermee!

RECEPT OM JE EIGEN FORTUNE COOKIES TE MAKEN

INGREDIËNTEN:

2 eiwitten
1/2 kopje suiker
1/2 kopje gesmolten boter
1/4 kopje water
1/4 theelepel vanille-extract
1/4 theelepel amandelextract
1 kopje bloem
1/4 theelepel zout

BENODIGDHEDEN:

bakplaat
bakpapier
papiertjes voor je berichten of voorspellingen

INSTRUCTIES:

1. Verwarm de oven op 180 °C.
2. Klop de eiwitten en de suiker in een kom tot het mengsel dik en romig is.
3. Voeg de gesmolten boter, het water, het vanille-extract en het amandelextract toe en meng goed.
4. Voeg bloem en zout toe en meng het geheel tot een glad beslag.
5. Schep 1 eetlepel beslag op de bakplaat en spreid het beslag uit tot een cirkel van ongeveer 7 centimeter doorsnee.
6. Bak de koekjes 6 tot 8 minuten, of tot de randen goudbruin zijn.
7. Haal de koekjes snel uit de oven en leg een papiertje met je spreuk of voorspelling in het midden van ieder koekje.
8. Vouw elk koekje dubbel en druk de randen stevig tegen elkaar.
9. Buig en duw dan snel ieder koekje in de vorm van een halve maan en laat ze even afkoelen.
10. Serveer en beleef veel plezier aan je zelfgemaakte fortune cookies.

Scan deze QR-code of ga naar **www.lannoo.be/nl/het-fortune-cookie-boek-download**, en print het blad om je eigen spreuken op te schrijven en toe te voegen aan je fortune cookies.

200 VOORSPELLINGEN

Geloof in jezelf en
alles is mogelijk

Een dag niet gelachen,
is een dag niet geleefd

Het geluk
begunstigt altijd een
voorbereide geest

Door hard te werken en
slim te handelen, zul je
veel succes behalen

Een goede daad is nooit verspild

Door positief te blijven, zul je de stormen in het leven overwinnen

Een plan zonder
deadline blijft
een droom

Echte liefde kan niet
worden gekocht, alleen
worden verdiend

Liefde is de sleutel
tot een gelukkig leven

Een leven zonder liefde
is als een tuin
zonder bloemen

Een nieuwe kans in de liefde ligt aan de horizon

Jouw nieuwe project
zal succesvol zijn,
ga ervoor!

Je harde inspanningen zullen eindelijk worden beloond

Een nieuwe liefde zal weldra je leven binnenwandelen

Je zult binnenkort
een overvloed aan geluk
ervaren

Geluk en vreugde staan voor je deur

Een fantastisch leven ligt binnen handbereik

Jouw toekomst ziet er
rooskleurig uit,
vol nieuwe avonturen

Een goed luisteraar
is iemand die
werkelijk begrijpt

Een prachtig leven staat op het punt te beginnen

Een oude wens zal snel
in vervulling gaan

Als je een regenboog
wilt zien, moet je eerst
de regen weerstaan

Een fantastisch leven ligt in het verschiet

Een grote som geld
is op weg naar jou

Een groot hart maakt
een groot leven

Iemand uit je omgeving heeft stiekem een oogje op jou

Een grote droom wordt snel waarheid

Een gouden kans komt op je pad, grijp die met beide handen

Een goede reputatie
is meer waard
dan goud

Een uitzonderlijk mooi leven staat voor je deur

Een oprecht excuus kan
wonderen doen voor
een gebroken relatie

Een goede daad zal
zich altijd terugbetalen,
soms pas in een
verre toekomst

Vrouwe Fortuna
staat geheel
aan jouw zijde

Er komt weldra steun uit onverwachte hoek

Een dankbare houding is de sleutel tot geluk

Een oprechte
verontschuldiging
is de eerste stap naar
verzoening

Vrouwe Fortuna zal
binnenkort haar
schitterende licht op jou
laten schijnen

De prachtigste bloemen bloeien vaak in het verborgene

Leef het leven met
passie en verlangen, en
alles zal steeds op zijn
plaats vallen

Iemand anders
iets leren is de
beste manier om
het zelf te leren

Een financiële meevaller dient zich aan

Zing als je je zorgen wilt verjagen

Het geluk staat klaar om je te omarmen

Iedereen zegt deze week ja tegen jouw goede ideeën

Het geluk zal je
altijd volgen, waar je
ook gaat

Woede is als een steen
die in een wespennest
wordt geworpen

De liefde heeft deze week een afspraakje voor jou in petto

Weldra
nieuwe kansen
en geluk
in de liefde

Neem je hoed af
voor het verleden, rol je
mouwen op voor
de toekomst

Stel je hart open voor
die bijzondere persoon

Je toekomst ziet er stralend uit

Het geluk zal binnenkort op je deur kloppen

Als je bang bent
om de dobbelsteen
te werpen, zul je nooit
een zes gooien

Twijfel niet langer,
succes gegarandeerd!

Dit zijn jouw geluksnummers:
3, 7, 9, 24, 29, 33

Een onverwachte liefde
zet je leven op zijn kop

Niet alle grijze wolken brengen regen

Geld en geluk zullen weldra in overvloed naar je toe komen

Hij die steeds achteromkijkt, zal nooit vooruitkomen

De liefde toont zich
de komende dagen van
haar mooiste kant

Een onduidelijke vraag
leidt altijd tot een
onduidelijk antwoord

Een spannende
ontmoeting zet je leven
op zijn kop

Geef en vergeet, ontvang en onthoud

Iemand geeft je de kans om je droom waar te maken

Iemand uit je omgeving
heeft stiekem een
zwak voor jou

Verbeelding is vaak belangrijker dan kennis

Vertrouw op je intuïtie,
het brengt je op de
juiste weg

Men is nooit echt
gelukkig ten koste van
het geluk van anderen

Een oude wens
zal snel in
vervulling gaan

Wie geluk verwacht, zal geluk vinden

Wie weet dat hij genoeg heeft, is een rijk man

Een meester in geduld
is een meester in
vele zaken

Een klein vuur verwarmt, een groot vuur verwoest

Een einde is nooit
een einde, maar het
begin van iets nieuws

Het is nooit te laat
om een nieuwe weg
in te slaan

Wees positief ingesteld en het geluk zal op je pad verschijnen

Succes zal komen
wanneer je dat het
allerminst verwacht

Spreken is zilver, zwijgen is goud

Je dromen komen uit, wees geduldig

Een vrolijke levenshouding zal je altijd bescherming bieden

Veel beloven schaadt het vertrouwen

De komende dagen
brengen jou
heerlijke romantiek

Een grote som geld is onderweg naar jou

Je kunt beter een belediging negeren dan haar wreken

Dit zijn jouw
lucky numbers:
2, 7, 16, 22, 29, 33

Een vleugje geluk
wacht letterlijk
om de hoek

Je zult weldra een mooie
financiële beloning
in ontvangst nemen

Tijd brengt raad, liefde heelt wonden

Stel niet uit tot morgen
wat je vandaag nog
kunt doen

Geen antwoord kan ook een antwoord zijn

Er kan niets nieuws in
je leven komen als je er
niet voor openstaat

Het geluk komt snel naar jou toe

Innerlijk geluk is de brandstof voor succes

Tegenspoed brengt ervaring, ervaring brengt inzicht

Je zult binnenkort
grote successen boeken
met een van je hobby's

Goed nieuws is onderweg naar jou

Kennis is het ultieme wapen tegen angst

Succes en rijkdom wachten binnenkort op je

Al je wensen
zullen weldra in
vervulling gaan

Geluk komt vaak wanneer je dat het minst verwacht

Je verdient een mooi en gelukkig leven

Jouw dagen worden gevuld met geluk en overvloed

Een stralende lach
is de sleutel
tot een gelukkig hart

Geloof in jezelf
en alles zal volgens
plan verlopen

Droom groot, werk hard
en het geluk zal volgen

Geluk en liefde zullen
aan je deur kloppen
wanneer je dat het
allerminst verwacht

Een overvloed aan geluksmomenten wacht op jou

De zon zal altijd voor jou schijnen

Je zult weldra een schitterend succes boeken

Prettig gezelschap,
liefde en een zalige tijd
zijn onderweg naar jou

Ontwikkeling van
de geest is even
noodzakelijk als voedsel
voor het lichaam

Rijkdom en succes staan in jouw sterren geschreven

Een oude wens zal snel
in vervulling gaan

Er is goed nieuws op komst

Wees vriendelijk
voor anderen,
dan krijg je altijd
vriendelijkheid terug

Je zult weldra
vele zonnige en
gelukkige dagen
beleven

Van alle oplossingen
is de eenvoudigste
meestal de juiste

Loop met je hoofd
in de wolken, maar
blijf met je voeten
op de grond

Je hebt een aantrekkelijke glimlach

Al je problemen
zullen snel verdwijnen
en het geluk zal je
toelachen

Je bent nooit te oud
om een andere weg
in te slaan

Wijsheid begint met nederigheid

Geluk zal je volgen,
waar je ook gaat

Al je dromen worden werkelijkheid

Een stralende toekomst wacht op jou

Misschien is het
vandaag een dag voor
een mirakel

Wees blij en gelukkig,
je weet nooit wie er
verliefd kan worden
op je glimlach

Je gaat goede tijden tegemoet

Sla je slag,
succes verzekerd!

Je leven zal gevuld
zijn met momenten
van grote vreugdes

Een periode van geluk
is nu voor jou
aangebroken

Een gelukkig leven ligt voor je klaar

Een vriend is iemand
die alles van je weet en
toch enorm van je houdt

Vergeet niet van jezelf te houden

Geloof in jezelf
en je zult slagen

Een positieve houding opent de deur naar succes en geluk

Geef meer dan je neemt en je zult overvloed ervaren

Behandel anderen
zoals je zelf behandeld
wilt worden

Kijk niet achterom,
focus op het heden
en de toekomst

Wat je zaait,
zul je oogsten

Een mooie toekomst
start met een positieve
mindset

Er ligt een intens geluk voor je klaar

Jouw dagen zullen
altijd gevuld zijn met
liefde en vreugde

Het geluk ligt
op je pad, heb nog
wat geduld

Passie en volharding
zijn de sleutel tot succes

Je toekomst ziet er
bijzonder rooskleurig
uit

Je hoeft je nooit zorgen
te maken over je
geldzaken

Als iets je niet
gelukkig maakt,
stop er dan mee

Luister naar je hart,
daar zitten je echte
gevoelens

Ook grootse dingen beginnen klein

Het is beter te
handelen vanuit liefde
dan vanuit angst

Angst is een slechte raadgever

Zijn/haar hart behoorde
jou toe vanaf het eerste
ogenblik dat jullie
elkaar ontmoetten

Een goede daad
is goed voor je karma

Veel van je dromen zullen dit jaar nog uitkomen

Al je wensen
zullen weldra in
vervulling gaan

Geluk in de liefde komt snel naar je toe

Liefde is het enige wat
groeit als je het deelt

Het geluk komt naar jou toe

Doe vandaag iets waar
je toekomstige zelf jou
dankbaar voor zal zijn

Kleine overwinningen
leiden tot
grote prestaties

Jouw leven is als
een fortune cookie:
vol aangename
verrassingen

Doe vandaag iets
waarvoor je morgen
dankbaar zult zijn

Geloof in jezelf en
je zult slagen

Wie te voorzichtig is,
is zeer onvoorzichtig

Een kleine inspanning kan tot grote resultaten leiden

Het pad der liefde
zal je leiden naar een
prachtig huwelijk

Het leven is je goed gezind

Je gaat goede tijden tegemoet

Je hebt de sleutel
in handen voor een
gelukkige relatie

Wie sprookjesogen heeft, ziet een wereld vol wonderen

Een stralende
toekomst
lacht je toe

De geest heeft voedsel nodig, net zoals het lichaam

De liefde die je
verspreidt, is de liefde
die je terugkrijgt

Er wacht jou een stralende toekomst vol met onbegrensde mogelijkheden en avonturen

Binnenkort zal je
diepste wens in
vervulling gaan

Leef elke dag alsof je verliefd bent, dan ben je dat ook

Weldra worden al je wensen werkelijkheid

Je zult in je keuze
door velen gesteund
worden

Je leven krijgt binnenkort een positieve wending

Je geduld zal rijkelijk beloond worden

Wie niet waagt,
die niet wint

Geluk ontstaat
wanneer voorbereiding
en kansen samenkomen

Maak je niet ongerust,
alles komt goed

Er komen leuke tijden aan

Vandaag is de dag
om iets nieuws
te beginnen

Op een onverwacht moment zal een intens geluk je in de schoot vallen

Men kan twijfelen aan
je woorden, niet aan
je daden

Een geweldig leven ligt voor het grijpen

Schoonheid zit
vaak vanbinnen

Vertrouw op je intuïtie,
het zal je leiden naar
een prachtig leven

Het geheim van het
leven is waarderen
wat je hebt en streven
naar wat je wilt

Een wijs persoon spreekt minder en luistert meer

Geluk zit niet in bezittingen, maar in ervaringen en goede relaties

Volg je hart,
want daar liggen je
diepste verlangens

De reis van
duizend mijl begint
bij een eerste stap

Grote avonturen
beginnen met
kleine stappen

Zorg voor anderen
en de wereld zal voor
jou zorgen

Een deur naar geluk zal
zich voor jou openen

Creëer een gelukkig leven

DANK

Tijdens onze levensreis ontmoeten we allemaal wel buitengewone personen ***die plots ons hart vervullen met een diep gevoel van vreugde.*** *Je zou ze onze 'soul mates' kunnen noemen. Sommigen van die mensen komen in je leven voor een reden, soms voor even, soms voor je hele leven.*

Mijn oprechte dank gaat in elk geval uit naar de vele bronnen die hebben bijgedragen aan de totstandkoming van dit boek en in het bijzonder naar Isabelle Moussiaux, Betty Haesendonck, Muriel Van den Bergh, E Rick Nijs, Jan Merckx, Pieter Vandenhout, Maxime Van Melkebeke, Frank Smedts, Joris Persy, Thomas Richard Mertens, Koen Anteunis, Wim Dewulf, Elke Giets, Tineke Dierick, Claire Vanneste, David Zelikovsky, John Dabu, Abigail Flores voor hun vriendschap, humor, trouw en onvoorwaardelijke steun; en naar al mijn lieve klanten die vanaf de eerste dag in mijn kunst hebben geloofd.

Jullie hebben mijn pad verlicht en mijn hart verwarmd.

Leuven, augustus 2023

Dirk Janssens

www.hetfortunecookieboek.com
@fortunecookieboek
#fortunecookieboek

www.lannoo.com
Registreer u op onze website en we sturen u regelmatig een nieuwsbrief met informatie over nieuwe boeken en met interessante, exclusieve aanbiedingen.

Tekst en spreuken: Dirk Janssens
Grafische vormgeving: Studio Lannoo (Aurelie Matthys)

Als u opmerkingen of vragen heeft, kunt u contact opnemen met onze redactie: redactielifestyle@lannoo.com

D/2023/45/347 – NUR 450-370
ISBN: 978 94 014 9687 2